이승만

건국 대통령

참고문헌

* 연세대학교 이승만연구원, 『우남 이승만 전집 1: 독립정신』,
  연세대학교 대학출판문화원, 2019년
* 그 밖에 인용은 위키피디아를 사용했습니다.

일러스트

* 셔터스톡

건국 대통령 이승만

펴 낸 날 2024년 4월 19일

글 쓴 이 임나라
펴 낸 이 이종복
편   집 최종인 윤구영
마 케 팅 이동엽
펴 낸 곳 하양인
주   소 서울특별시 마포구 성산1동 49-5
전   화 02-6013-5383 핸드폰 010-8982-5843 팩스 02-718-5844
이 메 일 hayangin@naver.com
출판신고 2013년 4월 8일 (제300-2013-40호)

© 2024, 임나라

I S B N   979-11-87077-36-7 43300

이승만
건국 대통령

역사 진실을 마주하며 애국심과 자긍심, 용기를 북돋아 주는 책

글 임나라

하얀민

당당하게 말하기

연둣빛 새잎들로 이룬 숲 속 산길을 걸어 학교에 가고 있을 때였어요.

머리에 광주리를 인 아주머니들이 걱정하는 소리가 들렸어요.

"요새 서울은 난리라는구먼? 이승만 대통령이 쫓겨났대네?"

"그 노인네가 무슨 잘못이 있어? 평생 독립운동만 하던 어른 아니신가벼? 다, 아랫것들이 제 욕심 채우다 그런 변란이 일어난 거라고 하더구먼."

지금 생각해 보면 그때가 저의 첫 역사교육이었어요.

그 후, 프란체스카 여사와 함께 하와이로 떠났다는 이승만 대통령의 소식을 끝으로 그에 대한 업적을 거론하면 큰일 난다는 듯이 흉흉한 소문만 나돌아 다녔던 거 같아요. 아무도 책임지지 않을 낭설이지요.

더러 그를 칭송하려 해도 생각이 모자란 사람으로 취급받을까봐 눈치를 보는 일들이 많았다고 해요. 혹여 예전의 우국지사들이 대나무 숲에 들어가 홀로 그의 애국활동을 기억하며 통곡했을는지도 모르지요.

이제 세월이 흘러 기적처럼 '이승만 대통령'을 다시 보기 시작하게 되었어요.

그는 어딜 가든 당당했어요. 비겁하지 않았어요. 일본에 침략 당해 있는 작고, 가난했던 나라의 독립투사가 외국의 정상들과 나란히 외교활동을 펼쳤던 것이지요.

무력 투쟁으로 독립하려고 했던 사람들 속에서, 그는 스스로 배우고 익혀 세계를 향해 당당히 독립할 것을 외쳤어요.

또한 하와이에서 이민자들에게 학교를 세워 글을 깨우치게 했듯이 정부 수립 후에도 우선적으로 전국 곳곳에 학교를 세워 문맹 퇴치 운동 계획을 추진하였고, 대한민국 국군창설, 대통령 직선제, 여성투표권, 독도수호, 원자력 등 일일이 열거하기 어려워요.

이제 우리는 올바른 역사의 숲에서 도란도란 지난날을 이야기해요. 나라를 위해 피땀 흘려 지켜내 온 선대들을 기리며 덕담을 나누워요.

이승만 대통령의 업적과 대한민국을 위한 헌신과 노력을 이제 우리는 자랑스런 마음으로 보듬어 껴안아야 할 때가 되었다고 생각해요.

사람은 아름다운 사람을 만나야 아름다워진다고 하지요.

칭찬은 황소걸음으로 더디게 오고, 험담은 빛보다 빠르게 온다고 해요.

미래를 열어 갈 아이들이 귀 기울여 들으며 말합니다.

짧은 이 한 편의 동화가 앞으로 꼬리에 꼬리를 물고 이어져 갈 수 있기를 빌어요.

부모님의 기일에 모여 고생한 부모님에 대한 이야기꽃으로 밤을 새우듯, 앞으로도 이승만 대통령의 훈훈한 이야기로 계속 이어질 수 있으면 좋겠어요.

　이 책을 내기까지 수고해 주신 하양인 출판사의 이종복 대표님과 편집진들께 감사의 인사를 드립니다.

2024년 4월

임나라

차례

01

건국 대통령 이승만의 진실 이야기

역사
할아버지

"네에, 당숙 어른. 이제 기차역에 도착하셨어요?

제가 곧 모시러 가겠습니다. … 네? 혼자 오시겠다고요? 아,

네에, …."

아빠는 핸드폰을 바꿔 들며 고개를 가로저어 보였다.

"고집 세신 건 여전하시네?"

"당신이 미리 마중 나갈 걸 그랬나 봐요."

대청마루에 엎드려 걸레질하던 엄마가 안타까워했다.

"고향 산천을 천천히 둘러보며 오시겠다는구먼. 승엽아, 아빠

랑 함께 큰길까지 나가 볼까?"

"넵!"

승엽이는 텔레비전에서 가끔 보았던 할아버지를 드디어 만날 수도 있구나 싶어 가슴이 설레기도 했다.

여름방학이 시작된 지도 벌써 일주일이 되어가고 있었다. 햇빛이 점점 더 따가워져 가는 거 같았다. 승엽이는 하늘 한가운데에 떠 있는 해를 쳐다보며 눈을 찌푸리자 애꾸눈이 되었다. 그런 승엽이를 내려다보곤,

"더위가 한창 기승을 부릴 때구나.
이 뜨거운 삼복더위에 굳이 걸어오시겠다니, 원."

하더니 아빠는 다시 집 안에 들어갔다 나왔다.
손에는 커다란 부채 두 개가 들려 있었다.

"이 부채로 해를 가리고 걸어 봐.
아무래도 네가 햇빛 알레르기가 있는 거 같구나?"

승엽이는 부채를 받아 들고 이마에 갖다 댄 후, 바람개비 돌리듯이 몸을 한 바퀴 휘익 돌렸다. 아빠도 하하 웃으며 승엽이 흉내를 내어 보였다.

"부자지간의 모습이 아주 보기 좋으네그려."

저 앞에서 키가 크신 할아버지 한 분이 오고 계셨다. 텔레비전

에서 보았던 그 할아버지다.

"아이고, 생각보다 빨리 오셨네요? 천천히 둘러보며 오시겠다고
해서 좀 늦으실 줄 알았어요."

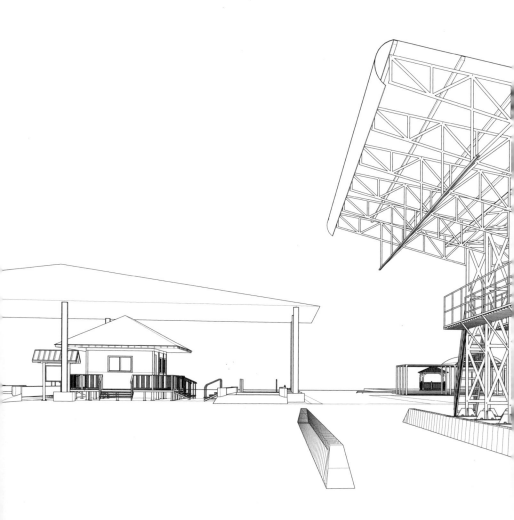

아빠가 뛰어가 허리를 굽혀 정중히 인사를 드렸다.

"음, 예전에 역 근처에 책방이 있었던 게 생각나서 책 구경 좀 해볼까 했지. 이 아이가 자네 아들인가 보구먼?"

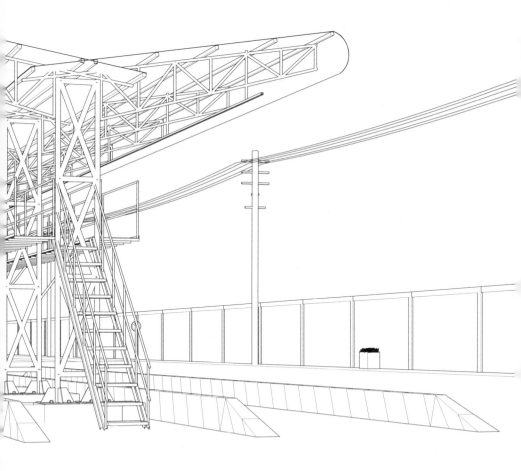

승엽이도 얼른 배꼽 인사를 드렸다.

할아버지의 모습은 텔레비전에서 볼 때보다도 훨씬 부드러워 보이셨다.

"네, 이 아이 돌쟁이일 무렵에 당숙 어른이 서울 프레스센터에서 강연하셨었지요. 그때 한번 데리고 갔었습니다."

"아, 그러곤 서로 사는 일들이 바빠 만나 볼 새가 없었겠구먼. 그래, 이름이 무어냐?"

할아버지가 승엽이 앞으로 한 발짝 다가오시며 물으셨다.

"제 이름은 승엽이, 민승엽입니다."

"차렷 경례라도 할 태세로구나? 씩씩해 보여 좋다."

"그런데 이런 시골 책방에 당숙 어른이 읽으실 책이나 있을까요?"

아빠가 손에 든 부채를 할아버지를 향해 부치며 말했다.

"책방은 그 자리에 그대로 있더군. 근데 내가 찾는 분의 책은 한 권도 없다고 하지 뭔가?"

"무슨 책이요?"

"책방 문을 열고 들어가, 혹시 이승만 대통령에 관한 책이 있느냐 물어보았지. 계산대 앞에 앉아 졸고 있던 처녀가 영 못 알아들어 천천히 또박또박 물었더니 고개를 흔들며 그런 책은 없다고 하대그려, 허허."

"할아버지, 거긴 그런 책 안 팔아요."

승엽이가 제법 안다는 듯이 참견했다.

"그래, 학습지들만 천장이라도 뚫을 듯 꼭대기까지 그득하게 쌓여 있더구나."

"이승만 대통령 얘기는 시험에 나오지 않거든요?"

"초등학교에선 건국 대통령 이승만으로만 간단히 설명하고 있는 거 같고, 중학교 교과서에 조금 다루고 있으나 잘못한 점을 더 많이 다루고 있는 듯합니다."

"허어, 인간 모두 공칠과삼(功七過三: 사람의 행적을 평가할 때 공로가 70퍼센트, 과오가 30퍼센트라는 뜻)인 것을…."

승엽이가 무슨 뜻이냐는 눈빛으로 쳐다보자, 아빠가 설명을 해 주었다.

"승엽이도 엄마, 아빠도 잘못하는 게 많지? 이승만 대통령도 일곱 가지 잘한 게 있으면 세 가지는 잘못하거나 실수했다는 뜻이야."

승엽이는 대통령도 잘못하는 일이 있다는 게 신기해서 웃음이

났다.

한동안 말없이 걷는 소리만 들렸다. 하늘 높이 떠 있는 하얀 구름도 잠시 해를 가리며 흘러가는 듯 보였다.

집에 도착

집 앞에 다다르자, 승엽이는 재빨리 뛰어가 대문을 열어젖혔다.

"엄마아, 역사 할아버지 오셨어요."

엄마가 에이프런에 물 묻은 손을 닦으며 뒤꼍에서 나왔다. 몹시 반가워하는 목소리였다.

"아유, 먼 길 오시느라 애쓰셨습니다."

"내, 며칠 신세 지러 왔네. 이렇게들 반갑게 맞이해 주니 고맙네, 고마워."

"무슨 말씀을요? 당숙 어른께서 이렇듯 찾아주시니, 저희가 더 할 바 없이 영광이지요."

"수술을 하고 나서 편히 쉴 데를 찾다 보니, 고향 생각이 젤 많이 났다오."

22

할아버지는 대청 마루턱에 걸터앉으시더니 손바닥으로 문설주며 마룻바닥을 살살 쓰다듬어 보시곤 대들보도 한참 쳐다보시고 나서 고개를 끄덕이셨다.

"모두 반들반들 윤기가 나는 걸 보니, 조카네 부부가 아주 부지런한가 보구먼."

"웬걸요. 올봄에서야 겨우 칠을 좀 했습니다. 옛집을 관리하며 사는 게 쉽지만은 않네요?"

아빠가 멋쩍다는 듯 뒷머리를 긁적이었다.

"선대께서, 그러니까 자네 조부께서 이 집 지으실 때 참 공을 많이 들이셨다고 했지."

승엽이는 머리가 복잡해졌다.

'아빠의 조부? 그러니까 아빠의 할아버지? 그럼 나하곤?'

연을 잘못 날리면 줄이 엉켜서 실패할 때처럼 촌수 따지는 일은 점점 꼬여만 갔다. 승엽이도 얼굴을 찡그리며 아빠처럼 뒤통수를 긁적였다.

"제가 3대째 이 집에서 살고 있으니, 승엽이까지 살면 4대째가 되네요?"

웃으며 말하는 아빠 말에 할아버지도 껄껄 웃으셨다.

"승엽이도 장가가서 이 집에서 살아야겠구먼?"

엄마가 두레상에 음식을 차려 내오면서,

"승엽이는 우주 항공사가 되고 싶대요. 여긴 우주비행장이 없어서 아무래도 안 될 거 같은데요? 호호."

하곤 승엽이를 향해 눈을 찡긋하자, 승엽이도 얼결에 눈을 꿈쩍했다.

"수술 후 회복하시는 데엔 소꼬리가 좋으실 듯해서 어제부터 뒤꼍에 솥을 걸고 푹 고아 내고 있으니 많이 드세요."

"내가 호사를 하는구먼. 잘 먹겠네."

할아버지는 천천히 식사를 마치시고 나서 나직이 말씀하셨다.

"옛 좋은 집에, 이렇듯 좋은 음식을 먹을 수 있게 된 것이 그냥 주어진 게 아니고 우리 선조님들의 덕분임을 결코 잊어선 안 되네."

승엽이는 고개를 갸우뚱했다.

'난 별로 맛도 없는데?'

밥 한 그릇이 뭐가 어때서 하는 생각도 들었다.

"저도 그렇고, 모두 잊고 사는 거 같습니다."

아빠 말에 엄마도 한마디 거들었다.

"요즘 애들은 밥 없으면 빵 먹으면 되지, 한다잖아요?"

"나도 지금까지 잘못 생각하고 잘못 행동하면서 살아온 일이 아주 많은 거 같아 후회스럽기가 짝이 없다네."

대한민국의 시작, 우남 이승만!

이승만은 대한제국기에 계몽운동과 구국 투쟁을 펼쳤고 일제에 국권을 빼앗긴 뒤에는 독립운동에 앞장섰으며 해방 이후에는 자유대한민국 건국에 헌신했습니다.

건국 후 농지개혁을 단행하여 5천 년 역사상 처음으로 소작농민이 농지를 소유하게 되었으며, 의무교육 제도를 도입하여 역사상 최초로 대부분의 국민들이 글자를 읽고 쓰는 시대를 열었습니다. 또한 북한의 6·25 남침으로부터 국가를 수호하고 국군을 양성했고 한미동맹으로 안보와 번영의 기초를 닦았습니다. 더 나아가 기간산업과 민간공업을 육성하는 등 경제 발전의 기반을 다졌습니다.

이 모든 것은 이승만 대통령이 대한민국의 자유를 정착시키고 확대하는 과정입니다.

1904년. 한성감옥에서 집필한 『독립정신』 중에서

"나라라고 하는 것은 여러 사람이 모여 사는 조직된 사회로 여러 사람이 모여 의논하는 회의체에 비유할 수 있다. 그들은 큰 건물에 모여 몇 사람씩 짝을 지어 자유롭게 웃으며 이야기하고 토론도 한다. 토론만 하는 것이 아니라 때로는 난장판이 되어 싸우다가 사람까지 죽이는 위태로운 지경에 이르기도 한다. 이 같은 분쟁을 평화적으로 해결하기 위해 공정한 법과 규정이 필요한 것이다. 이를 위한 적적한 사람을 선정하여 그로 하여금 법과 질서를 유지하도록 할 필요가 있다."

『이승만 대통령 방미일기』 중에서

"우리의 공동목표는 어떤 희생이 따르더라도 이뤄야 하는 평화여서는 안 됩니다.

그것은 단지 패배와 인간 자유의 종말을 초래할 것입니다. 우리의 영원한 표상은 어떤 희생이 따르더라도 지켜야하는 정의이어야만 합니다. 우리는 우리가 가진 것 모두를 자유와 정의를 위해서 바쳐야 합니다."

"만약 우리가 적의 약속을 믿고 싶기 때문에 가만히 앉아서 적의 행동에 대해 외면한다면 아마도 전쟁은 없을 것이오. 설사 전쟁이 발발한다고 해도 오래 끌지는 않을 것이오. 다만 그 결과는 우리가 바라던 대로는 되지 않을 것이오. 진정한 세계평화를 쟁취하려면 우리는 그것을 위해 싸워야 할 것입니다."

1954년 10월 21일 CBS 기자회견을 마치며 하신 말씀입니다.

외교 노선에서

1953년 7월 27일 휴전협정 성명 중에서는 "휴전협정은 전쟁을 줄이는 것이 아니라 더 큰 전쟁의 준비행위이고 더 많은 고난과 파괴를 의미하며, 전쟁과 내란에 의한 공산당의 더 많은 침략행위의 서막이 된다는 확신 때문에 나는 휴전협정의 서명에 반대해왔습니다. 이제 휴전이 서명된 이 마당에 나는 그 결과에 대한 나의 판단이 틀렸던 것으로 나타나기만 기대할 뿐입니다."라고 말씀했습니다.

이승만은 대통령 시기 한국의 외교는 안보·통일 문제에 치중되었습니다.

우선 북한의 위협에 대비하기 위한 대미외교 위주의 안보외교가 중심이 되었습니다.

통일문제에서는 유엔외교를 통해 한국의 입장이 국제사회에서 지지를 받을 수 있도록 노력하였습니다.

이승만 정부하에서 일본과의 외교는 답보상태였고, 미국의 노력에도 불구하고 이승만의 반일주의로 인해 한일관계 개선은 어려웠습니다. 특히 이승만 대통령의 이승만 라인(평화선) 선언, 그리고 재일동포 북송 등의 문제는 한일관계에 걸림돌로 작용했습니다.

로버트 올리버 교수에게 보내는 편지에서

"우리는 돈벌이를 위해 우리나라의 민주주의 원칙을 포기하지는 않을 것이오. 상업적이든 다른 이유로든 이들이 공산주의자들과 거래하면서 어떻게 공산주의와 성공적으로 싸울 수 있겠소?"

- 1949년 6월 28일

1923년 태평양잡지, '공산당의 당부당' 기고문에서

이승만은 공산주의는 실패한다. 다음과 같은 다섯 가지 이유 때문이다.

1. 재산을 나누면 근로의욕이 꺾인다.
2. 기업가를 없애면 혁신이 이루어지지 못한다.
3. 지식인을 없애면 모든 사람이 우매해진다.
4. 종교를 없애면 도덕이 타락한다.
5. 소련을 조국으로 믿으면 배반당한다.

02

건국 대통령 이승만의 진실 이야기

마당에 감춰진
아픈 사연

"당숙 어른께서야 공부도 많이 하시고, 나라를 위해 하신 일도 많으시잖습니까?"

아빠 말에 할아버지가 세게 손사래를 치셨다.

"그런 말 마시게. 단지 허울뿐일세. 맨 처음 부끄러운 기억은 여기 이 마당에서 있었던 일일 게야."

할아버지가 목이 마르신지 기침을 짧게 연거푸 하셨다.

엄마가 재빨리 옆에 놓인 컵에 물을 따라 드렸다.

"고맙네. 내가 고향에 자주 오지 못했던 것은 아마 이 마당 때문이었을 게야."

"네? 이 마당 때문이라니요?"

아빠가 묻자, 할아버지는 천천히 뜰로 내려오시더니 넓은 마당 한가운데에 서셨다.

"바로 여기 서서 나는 큰소리로 외쳤지. 승엽아, 네가 지금 몇 학년이냐?"

"5학년이요."

"승엽이보다도 한 살이나 어렸을 때가 되겠구나. 1950년 여름, 담임선생님은 칠판에 '김일성 장군 만세!'라 크게 쓰시곤 우리에게 외치라 하셨지. 집에 가서도 계속 온 가족 앞에서 외쳐야만 한다고 하셔서 우린 선생님이 시키는 대로 죽어라 외쳤단다. 여름 내내 마을에서 제일 큰 이 마당에 마을 사람들을 모아 놓고, '김일성 장군 만세, 만세, 만세!' 만세삼창을 목이 쉬도록 외쳐댔었는데…"

"여기 이 자리에서 할아버지가 '김일성 장군 만세'를 외치셨다고요?"

승엽이는 도무지 상상이 되질 않아 저도 모르게 목소리가 높아졌다. 할아버지께서 나직나직 말씀하셨다.

"그렇구나. 이 할애빈 눈만 뜨면 밤낮으로 외쳐대며 다녔단다.

꼬마 소년이던 나는 더 나아가 '붉은 소년단' 단장을 맡아 동네 어른들 앞에서 김일성 장군 선전 연설을 했지, 뭐냐. 그리 안 하면 큰일 나는 줄 알았거든."

"붉은 소년단 단장이요?"

생전 처음 들어보는 말에 승엽이가 또 눈을 동그랗게 떴다.

"그래, 북한에서 만든 어린이단체라고 할 수 있지. 그때는 사람들이 용감하고 똑똑하다고 나를 치켜세워서 나는 겁없이 우쭐해서 온 동네를 껑충껑충 뛰어다니며 뻐기고 다녔구나."

할아버지는 고개를 돌리시며 마당을 죽 둘러보셨다. 그러곤 아빠에게 눈길을 돌리며 말씀하셨다.

"이 마당에서 참 부끄러운 일을 많이 저질렀었네."

"그게 어리디어린 당숙 어른이 잘못하셔서는 아니잖습니까? 그런 시절을 사시게 된 탓인 거지요."

아빠가 힘든 기색이 엿보이는 할아버지를 부축해 대청마루에 올라앉게 해드렸다.

"먼 길 오시느라 피곤하실 테니 잠시 눈 좀 붙이고 쉬셔야 할 거 같아요."

엄마도 할아버지께서 돗자리 위에 누우실 수 있도록 도와드렸다.

텔레비전에서 양복을 입은 멋진 모습을 볼 때와 다르게 승엽이는 힘없이 누우시는 할아버지가 왠지 가엾다는 생각이 들었다.

"이보게, 조카. 나도 이제 늙어가니 가슴에 회한만 가득해져 가는 거 같구먼. 잘못한 일이 너무 많아. 내가 왜 역사 강의를 부지런히 하러 다니는 줄 아나?"

"그야 공부를 많이 하셨으니, 사회를 위해 베푸시는 거 아니겠습니까?"

아빠의 말에 할아버지가 빙긋이 웃으며 말씀하셨다.

"아니, 그게 아닐세. 그저 역사를 잘못 살아온 속죄의 행보일 뿐이야. 1950년 전쟁 통에 '김일성 만세'를 외치던 내가 1960년에는 대학에 들어가 '부정선거가 민주주의냐', '미국의 앞잡이 이승만은 하야하라!'를 외치며 경무대로 쳐들어가기도 했었다네. 지금의 청와대로 말일세. 겉면만 보고, 당시의 휘몰아치는 세계 정세의 소용돌이를 제대로 이해할 줄을 몰랐던 거야."

할아버지께서는 스르르 잠이 드셨다. 승엽이는 할아버지의 이야기를 듣는 동안 왠지 생각이 조금 더 커진 것 같은 느낌이 들었다.

1904년. 한성감옥에서

"부디 깊이 생각하고, 고집 부리지 말고, 모든 사람이 힘껏 일하고 공부하여 성공할 수 있도록 자유의 길을 열어놓아야 한다. 그렇게 하면 사람들에게 스스로 활력(活力)이 생기고, 관습이 빠르게 변하여 나라 전체에도 활력이 생겨서 몇십 년 후에는 부유하고 강력한 나라가 될 것이다. 그러므로 자유를 존중하는 것은 나라를 세우는 근본이다."

양반들이 어려서부터 배운 것이라고는 남을 억압하고 호령하는 것뿐이다. 그들은 권력을 남용하여 모든 사람들의 기를 꺾으며, 저 혼자만 사람이고 다른 사람들을 물건 취급하고 있다. 백성의 재물은 자기 것처럼 마음대로 빼앗고 미천한 사람들의 여자까지 빼앗아 가기도 한다.

백성들은 그들이 잘살고 못사는 것은 오롯이 양반 손에 달렸다고 믿어 양반을 받들고 돕는 것이 그들의 도리라고 여기고 있다. 비록 뛰어난 사람이 있더라도 개천에서 난 용이라 하며 그 능력을 인정하지 않는다. 따라서 일반 백성의 자식들은 아무리 총명해도 경륜을 펼칠 수 없으므로 힘써 노력할 필요가 없다며 배우기를 힘쓰지 않으니 수없이 아까운 인재들이 버려지고 있다.

전국을 통틀어 양반은 전 국민의 천분의 일도 안 된다. 양반들이 모두 나라를 위해 일한다 할지라도 나머지 9백9십9는 모두 양반들을 위해 사는 사람들이니 나라에서는 9백9십9의 백성을 잃어버린 것이나 마찬가지다. 이처럼 우수한 백성들을 잃어버려 나라는 날마다 쇠퇴하여 이 지경에 이르렀으나 백성들은 이를 깨닫지 못하고 개혁하려 하지 않는다.

1954년 7월 28일 미국 국회의사당에서 연설 중에서

"우리는 소련이 하는 약속을 믿을 수 없다는 것을 알고 있습니다. 공산주의자들은 그들에게 이익이 된다면 결코 조약을 존중하지 않는다는 것을 우리에게 알려 주었습니다. 그들은 어떠한 도덕적 망설임이나, 인도주의적 원칙이나 또는 종교적 제재에 의해 구속받지 않습니다. 그들은 세계 정복을 달성하기 위해 모든 수단을 동원합니다. 심지어 가장 악질적인 고문과 대량 살인까지 동원합니다. 소련은 자신의 의지로 중지하지 않을 것입니다. 소련은 중지당해야 합니다."

"공산주의자들이 이 세상을 어렵고 무서운 세상으로 만들었습니다. 이 세계에서 나약하다는 것은 노예가 된다는 것을 의미합니다. 나의 친구들이여, 함께 기억합시다. 절반은 공산주의, 절반은 민주주의 세계에서 평화를 되찾을 수는 없습니다."

대마도의 반환을 요구

평생을 독립운동에 바쳐온 이승만 대통령의 대일본 외교는 한반도를 점령했던 일본의 철저한 반성과 배상을 통해 한일관계를 개선하는 것이었기 때문에 답보 상태였다. 이승만 대통령은 취임 직후 기자회견에서 대마도의 반환을 요구했다.

이 발언은 일본을 매우 놀라게 했다. 이승만 정부는 1949년 2월 '대일배상청구위원회'를 조직하여 대일청구권 협상을 추진했다. 더 나아가 이승만 정부는 일본이 또다시 군국주의 국가로 부활하여 제국주의 노선을 취하지 못하도록 하는 데 외교력을 집중했다. 이승만 정부 그 어디에서도 친일파의 모습은 찾아볼 수가 없었다.

03

건국 대통령 이승만의 진실 이야기

남달랐던 청년시절
이승만 대통령

"역시 시골의 공기는 참 맑고 시원하구나."

챙이 넓은 밀짚모자를 쓰고 집을 나서시는 할아버지가 기분이 좋으신지 흠흠, 코로 공기를 들이마시며 활짝 웃으셨다. 아빠 손에 꼭 잡혀 뒤를 따라 걷는 승엽이도 사실 그리 싫은 것만은 아니었다.

아빠는 미리 지레짐작으로 할아버지의 역사 이야기를 승엽이가 싫어할 줄로만 생각하는 듯했다. 하지만 아니다. 승엽이는 할아버지의 역사 이야기가 궁금하고 재미있었다.

'어른들은 참 이상해. 왜 무조건 아이들은 역사 이야길 싫어할

거라고만 생각하는 걸까?'

승엽이는 아빠 손을 놓고 할아버지의 손을 잡았다.

"할아버지, 어제 청와대로 쳐들어갔었다고 말씀하셨잖아요? 그럼, 그때 학생 데모를 하신 거예요?"

그런데 할아버지는 웬일인지 바로 대답하지 않으신 채 묵묵히 앞만 보고 걸으셨다. 걸음걸이도 느려졌다. 활짝 웃으시던 모습은 삽시에 온데간데없이 사라져 버렸다. 승엽이는 혹시 뭘 잘못한 걸까 싶어 얼른 아빠를 돌아보았다. 하지만 아빠도 모르겠다는 표정을 지어 보였다.

아주 한참 후에야 할아버지가 말씀하셨다. 들녘 논둑길을 한 바퀴 돌아 집 앞에 다다라서였다.

"그래, 그랬구나. 막대기며 몽둥이 같은 걸 닥치는 대로 들고 들어가 노인네 나오라고 고래고래 소리를 질렀었지. 귀청이 떨어져 나갈 함성이었어. 그때 대통령은 여든여섯 살이나 되시는 고령이었는데, 우린 동방예의지국의 백성이라면서 국부께 무차별 난동을 부리고 말았어."

할아버지 목소리가 점점 떨려 나오시는 듯했다.

"그때 생각만 하면 목이 메어 오곤 하지. 한 집안의 가장을 맘

43

에 안 든다고 해서 창문을 부수고 멱살 잡고 행패 부린다면 그게 될 법이나 한 일인가 말일세."

"세월이 그렇게 흘렀는데도 당숙 어른께선 그 일이 잊히질 않으시나 봅니다."

"잊혀지기는커녕. 나날이 더 가슴이 아파져 온다네. 이제 머지 않아 나도 그 나이가 되어 가지 않나?"

승엽이는 말없이 뒤를 따르며 처음으로 이승만 대통령 할아버지의 모습을 떠올려 보았다. 머리가 하얀, 우리 할아버지 같은 할아버지. 길가엔 무궁화꽃이 지천으로 피어 있었다.

"산책을 다녀오셨으니 아침 드시기 전에 차 한 잔 먼저 드세요."

집 안에 들어서자 엄마가 기다렸다는 듯이 차를 내왔다.

"고맙네. 차향이 좋은데 무슨 차인가?"

"박하차예요. 뒤란에 잔뜩 웃자라 있어서 연한 잎을 따 차로 만들어 봤어요."

"엄마, 전 물 주세요."

"단란한 가족의 모습이 보기 좋구나. 그래, 이렇게들 살아야 하는 거야."

할아버지가 흐뭇한 표정을 지으시며 코로 향내를 맡으셨다.

엄마는 간단히 소고기죽을 드시고 난 할아버지께 식혜를 따라 드렸다. 할아버지를 위해 엊그제 엄마가 만든 식혜였다.

"참 편안한 고향의 아침이구먼. 고맙네."

작은 일에도 꼭 '고맙네' 하는 할아버지가 승엽이 눈에는 정말 근사해 보였다.

"전 마을에 일이 있어 잠시 나갔다 와야겠습니다."

아빠는 할아버지께 고개 숙여 인사드리곤 밖으로 나갔다.

"당숙 어르신, 어르신은 원래 유명한 언론의 기자님이셨잖아요?

엄마가 진지하게 여쭙자,

"그렇지. 그런데?"

하고 할아버지가 엄마를 바라보셨다.

"언제부터 이승만 대통령에 대해 관심을 갖게 된 동기가 있으셨어요?"

"있지. 어디에도 겉으로 드러난 이 대통령에 관련된 자료를 찾아볼 수가 없었네. 오랜 세월 관심을 갖는 사람들도 없던 시절이었는데, 어느 해에 한 단체에서 조용히 '이승만 대통령 다시 살펴보기'를 추진하기 시작했지. 거기에 내가 자료준비를 맡아 진행하다가, 이승만 대통령이 독립을 위해 평생 국제외교를 펼쳐 온 방대한 기록에 깜짝 놀라고 말았네. 사실을 기초로 한 그 자료들이 숨도 못 쉰 채 구석에, 지하에 숨겨져 있는 거야. 이후부터 이승만 대통령에 대해 새롭게 인식하게 되었던 거지. 준비하는 동안에 이 노인네가 너무 가엾어서 몇 번이나 울컥했는지…. 나는 경무대 쳐들어갔던 그 기억을 평생 지울 수가 없어."

"아, 그때부터 사람들이 당숙 어르신께 '이승만 대통령을 세상에 둘도 없이 애인처럼 사랑하는 분'이라 하는 거군요?"

"허허. 이 시골에도 그 소문이 났단 말인가? 사실 알고 보니 나 말고도 이 대통령을 못내 그리워들 하고 있던 이들이 많더군. 모두 눈치 보느라 맘속으로 전전긍긍하고 있었을 뿐이었다네."

"그러니까 고양이 목에 누가 방울을 다느냐, 하고 기다리고만 있었던 거지요?"

승엽이는 엄마에게 이렇게 궁금한 게 많을 줄은 몰랐다. 엄마의 수다가 신기했다.

"그런데 '이승만은 나쁜 대통령'이라고 하는 사람들도 많지 않아요?"

엄마가 할아버지의 표정을 살피며 조심스럽게 말했다.

46

엄마 말에 할아버지는 흐음, 헛기침을 하시고 나서 혼잣말처럼 역시 작은 소리로 말씀하셨다. 화가 나신 것도 같고 지치신 것도 같았다.

"참으로 복도 없는 분이시지. 그분은 평생 나라의 독립밖에 모르고 사셨거늘."

엄마가 망설이는 듯 더듬거리더니 불쑥 짧게 말했다.

"첫 부인을 몹시 학대했다고 합니다."

"아니, 그래서 나쁜 대통령이라는 게냐?"

할아버지가 좀 놀랍다는 듯 끌끌 혀를 차시더니 승엽이를 돌아보셨다.

"승엽아, 할애비 물 한 잔 갖다 주련?"

"네."

"요샛말로, 부부 사이는 부부밖에 모른다는 말이 있는 거 같더군? 자료를 보니, 이 대통령께도 잘 알려지지 않은 첫 부인이 계셨더구먼. 내가 본 기록을 그대로 전해 줌세. 나이 열여섯 살 때 아버지의 주선으로 박씨 성을 가진 동갑내기 동네 처녀와 결혼해서 아들 태산이까지 낳으셨지."

승엽이가 가져다준 물을 마신 후, 할아버지는 말씀을 이어 가셨다.

"결론부터 말하면 그분들은 불행한 부부였다고 할 수 있네. 결혼 후, 배재학당에 다니면서 새 세상을 만났으니, 가정보다는 나라가 우선이었을 걸세. 구한말 고종 때 태어나 25살에 '고종황제 폐위 음모사건'에 연루되어 5년 7개월간 한성감옥에 투옥되어 모진 고문을 당했었지. 사형수로 감옥생활을 하다가 기적적으로 특별사면을 받아 석방된 후, 조선의 독립을 청원하기 위해 30살의 나이로 미국엘 갔으니 식솔 건사할 겨를이 어디 있었겠나. 그러자 박씨 부인께서 아들을 미국으로 보냈지. 나중 뒤따라갈 예정이었는데, 시아버지가 이를 알고 7대 독자를 상의도 없이 보냈다며 노발대발하셨다더군. 결국 부인은 미국에 가지 못한 채 주저앉았고 아들은 어렸을 때 미국에서 디프테리아에 걸려 사망하고 말았다는 기록이 남아 있어. 부인은 평소, '우리 부부는 성격이 안 맞아. 그러나 한 번도 다툰 적은 없어.'라고 말하곤 했다고 하네. 예나 이제나 부부가 되어 서로 뜻 맞춰 사는 일이 쉬운 건 아닌 모양일세. 허허."

할아버지의 긴 이야기를 들으며 승엽이는 엄마와 떨어져 바다 건너로 간 태산이라는 아이가 불쌍해졌다.

'그 앤 이다음 자기가 대통령의 아들이 될 거라는 걸 몰랐겠지?'

"열 길 물속은 알아도 한 길 사람 속은 모르듯이 이 대통령님 네 집안일도 알 수 없는 사정이 많았을 거 같아요?"

엄마가 이해된다는 듯이 고개를 끄덕였다.

"일본 경찰이 수시로 드나들며 가정 파괴의 수작을 해대는 작전을 펼쳐가는 데다 반대파 세력들이 공격해 와 한 가정이 끝내 파탄이 나고 만 셈이지. 온 겨레가 나라를 잃고 이역만리 뿔뿔이 흩어져 살아온 비극인 게야."

"이 대통령께 자식이 있었다는 얘긴 첨 들었어요. 첫 부인을 돌보지 않고 프란체스카 여사만 내세운다고 여성들 사이에선 원성이 대단한 듯해요."

엄마가 세상에 떠다니는 소문을 얘기했다.

"어떤 위인도 완전한 삶을 산 사람은 없다네. 예수도, 석가모니도…" 할아버지가 쓸쓸히 말씀하셨다.

미국 세계정세협의회에서 행한 오찬 연설 중에서

"나는 공산주의와 민주주의 간의 투쟁에 있어서는 중립이라는 것이 존재하지 않는다고 봅니다. 어느 쪽이든 한쪽이 이겨야 합니다. 그리고 우리가 자유 문화의 숭고한 표현 방법을 신봉한다면, 우리는 가진 모든 것과 우리 전부를 자유와 정의를 위해 바쳐야 합니다."

1904년. 한성감옥에서 집필한 『독립정신』 중에서

"자유라는 새로운 이념으로 사람들을 오랜 관습의 굴레에서 벗어나게 하여 좋은 것과 나쁜 것을 구분할 수 있게 해야 한다."

이승만 대통령의 예측

1941년 6월에 출간한 『JAPAN INSIDE OUT(일본내막기)』에서 일본의 미국 공격이 임박했음을 주장했다. 당시에 일본의 미국 선제 타격은 아무도 예상하지 못했다. 발간 6개월 뒤에 실제로 일본이 진주만을 기습하여 태평양전쟁이 발발했고 이승만의 예상이 적중함에 따라 미국 지도층 내에 한국 독립에 우호적인 여론이 형성되었다. 이승만의 오랜 외교 활동은 결실을 맺어 1943년 11월 카이로회담에서 미국, 영국, 중국이 한반도의 독립을 약속하게 된다. 이후 1945년 8월 15일 일본이 패망하고 한반도는 해방되었다. 태평양전쟁 – 일본 패망 – 한반도 해방으로 이어지는 역사는 이승만의 예측대로 진행되었다.

세계 힘의 균형

"세계의 자유시민들이 생존하는 방법, 우리 한국인이 보는 유일한 방법은 평화가 없을 때 막연한 희망으로 평화를 바라는 방법이 아닙니다. 세상을 정복하려는 소비에트 정부가 설득된다는 것을 믿지 않고 악의 세력에 울며 매달리지 않고 그러나 세계 힘의 균형을 공산주의자들이 불리하도록 강하게 움직이면, 그들은 소멸의 무기를 보유하고 있더라도 감히 사용하지 않을 것입니다."

이승만 정부와 미국

초대 대통령 이승만은 미국만이 대한민국의 안보와 자유를 지켜줄 나라로 인식하고 대미외교에 전력을 기울였다. 한국 외교에서 미국의 비중은 한국전쟁을 거치며 더욱 커졌다. 북한의 침공으로 시작된 한국전쟁을 거치며, 남한의 안보에서 미국의 중요성은 더욱 높아졌고, 이에 따라 한미동맹을 결성하면서 한국의 대미의존도는 커질 수밖에 없었다. 아울러 미국 또한 6·25전쟁 종료 이후 한국을 '냉전의 상징'이라고 인식하며, 한국에 대규모 경제·군사원조를 제공하였다.

"성조기는 이 고귀한 자유의 나라를 보호하기 위해 우뚝 서 있다. 저 국기 아래에서 시민의 특권을 누리면서 살고 있는 미국 사람이라면 누구나 마땅히 미국의 선구자들이 이러한 축복의 향유를 위해 바친 대가가 얼마나 컸던지 기억해야 할 것이다."

04

건국 대통령 이승만의 진실 이야기

역사
문화 교실

동해물과 백두산이~, 할아버지의 핸드폰에서 나는 소리였다.
할아버지가 얼른 받으셨다.

　"아, 오 선생이요? 그래, 고향에 와서 아주 잘 쉬고 있다오. 뭐
여길 내려오겠다고? 좋아요, 그럼 잘 오시구려."

　엄마가 내 온 수박을 드시며 할아버진 즐거워하셨다.

　"승엽아, 내일은 서울에서 이쁜 여선생님이 온다는구나?"

　"왜요?"

　속으론 궁금했으나 승엽인 관심 없다는 듯이 건성으로 묻
는 체했다.

"새 논문을 썼는데 바람도 쐴 겸 내려온다는구먼?"

"논문이요? 무슨?"

엄마가 눈을 동그랗게 뜨며 놀란 듯 말했다. 승엽이는 엄마가 가끔씩 아빠한테 하던 말이 생각났다.

"당신한테 시집을 안 왔으면 난 공부를 계속해서 아마 박사가 됐을 거예요."

그러면 그때마다 아빠는 똑같은 말을 되풀이하곤 했다.

"나한테 시집을 안 왔으면 승엽인 지금쯤 어디 살고 있을까?"

"글쎄요? 저 산 너머 어디에서, 엄마 아빠 나 데려가 줘요, 흐느끼며 울고 있으려는지? 호호."

엄마는 논문이란 말에 무조건 부러움을 느끼고 있는 거 같았다.

"이승만 대통령의 국제외교에 대해 쓰고 싶다고 해서 내가 한 보따리 자료를 건네줬었지."

"복잡한 역사 논문도 쓰고, 아주 똑똑한 여성인가 보네요?"

"현재 대학원생인데, 좋은 현상이지. 앞으로 그런 젊은이들이 많이 나와야 할 텐데, 어디 우리 승엽이가 우주비행사는 나중에 하고 한번 도전해 보면 어떨까?"

승엽인 금방 대답이 나오질 않아 씩 웃기만 했다.

뿌리 없는 풀은 없지

대문을 들어서는 아빠 뒤로 푸른이와 하늘이가 따라 들어오는 모습이 보였다.

"어? 언제들 왔니?"

승엽이가 반갑게 인사하며 손을 흔들었다.

"응, 어제 내려왔어. 너, 잘 있었지?"

"엉."

"푸른아, 하늘아, 어서들 와라. 고새 많이들 컸네? 아, 여기 할 아버지께 인사드리렴. 유명한 역사 할아버지 박사님이시란다."

엄마가 손을 벌려 번갈아 안아주고 나서 할아버지 쪽을 바라 보았다.

"안녕하세요, 할아버지! 전 하늘이에요."

"할아버지, 안녕하세요? 전 푸른이에요. 하늘이의 언니고요."

조금 후, 청대문집 할아버지가 뒤이어 들어오셨다. 허리가 조금

굽으셨다.

"내 친구 박사님이 오셨다기에 부리나케 찾아왔네. 나, 조기 모퉁이 뒷집에 살던 규웅이일세. 알아보겠나?"

할아버지는 청대문집 할아버지를 얼른 알아보시는 듯했다.

"알다마다요. 저보다 두 살 위인 형뻘이었지요?"

"고마우이, 고마워. 난 어린 시절의 똑똑하던 자네를 항상 기억하고 있네. 육이오 난리 통에도 당당하게 목소리 세워 김일성 만세를 외치지 않았나? 허허."

그러자 할아버지의 얼굴이 어제처럼 다시 굳어져 가는 듯하셨다.

"그 부끄럽던 기억들 때문에 지금까지 차마 고향 마을에 찾아올 용기가 없었던 거지요."

"어린 나이에 우리가 무얼 제대로 알고 살았겠나? 다, 지나간 일인 것을. 아, 요 이쁜 녀석들이 내 손녀들일세. 방학이면 꼭 여길 찾아와 놀아주고 간다네."

"다른 데 놀러 가고 싶은 곳도 많을 텐데, 너희들이 아주 기특하구나?"

"푸른아, 하늘아, 너희들은 정말 귀여운 나비 소녀 같아. 너희

엄만 재주도 좋지, 어쩜 요렇게 이쁜 쌍둥이를 낳았을까?"

엄마가 눈길을 떼지 못한 채 푸른이와 하늘이를 보며 생긋 웃었다.

승엽인 그런 엄마 표정을 살피며 잠깐 생각해 보았다.

'나도 여자애로 태어날 걸 그랬나?'

생각만으로도 쑥스러워, 승엽이는 앞뒤를 돌아보며 머리를 가로저었다.

대한민국 임시정부 초대 대통령 이승만

한반도에서 활약하던 이승만은 일제의 탄압을 피해 미국으로 망명했다. 하와이에 한인기독학원 및 한인기독교회를 설립하여 독립운동의 기지로 삼았다. 3·1운동 이후 이승만은 민족의 최고 지도자로 추앙되었다. 또한 미국 필라델피아에서 한인대표자회의를 개최했고, 1919년 4월 23일 전국 13도 대표로 구성된 한성임시정부에서 집정관 총재로 선출되었다.

1919년 9월 6일 여러 임시정부가 통합된 뒤 중국 상해에서 대한민국 임시정부가 만들어진다. 이곳의 초대 대통령으로 이승만이 선출되었다. 이승만은 워싱턴 D.C.에 구미위원부를 개설하여 미국과 유럽에서의 독립운동과 외교를 총괄 지도하며 외교 독립운동을 벌였다.

1904년. 한성감옥에서 집필한 『독립정신』 중에서

"목숨을 바칠 각오로 대한제국의 자유와 독립을 나 혼자라도 지키며, 우리 2천만 동포 중 1천9백9십9만 9천9백9십9명이 모두 머리를 숙이거나 모두 살해된 후에라도 나 한사람이라도 태극기를 받들어 머리를 높이 들고 앞으로 전진하며, 한 걸음도 뒤로 물러나지 않을 것을 각자 마음속에 맹세하고 다시 맹세하고 천만번 맹세합시다."

첫째, 우리는 세계에 대해 개방해야 한다.

둘째, 새로운 문물을 자신과 집안과 나라를 보전하는 근본으로 삼아야 한다.

셋째, 외교를 잘해야 한다.

넷째, 나라의 주권을 소중히 여겨야 한다.

다섯째, 도덕적 의무를 소중히 여겨야 한다.

여섯째, 자유를 소중히 여겨야 한다.

1958년 이승만 대통령 연두기자회견 중에서

"민주국가 국민들은 자신들의 개인적인 욕구에 따라 행동하는 경향이 있기 때문에 공산주의자들처럼 적에 결사 항전하기 위해 하나의 세력으로 연합하지 않습니다. 따라서 민주주의 국가에서 개인들의 행동은 그들이 속한 국가의 힘을 약화시키는 동시에 적에게 패배할 가능성을 높이는 경향이 있습니다."

1948년 대한민국 건국 대통령 이승만

해방에서 건국에 이르는 길은 험난했다. 38선 이북에는 소련의 조종을 받는 공산정권이 들어섰고 이남에서는 좌익들이 집요한 공산화 투쟁을 전개했다. 1945년 10월 16일, 33년 만에 조국에 돌아온 이승만은 "뭉치면 살고 흩어지면 죽는다."를 외치며 좌우를 막론하고 모든 정치세력이 일치단결하여 새 나라를 건설하는 데 동참할 것을 주장했다.

1948년 5월 10일 초대 국회의원선거에서 당선된 이승만은 제헌국회 개원식에서 국회의장에 선임되었다. 1948년 7월 17일 공포한 제헌헌법에 우리나라가 자유민주주의와 시장경제를 기반으로 한 국가임을 명시했다. 초대 대통령에 당선된 이승만은 1948년 8월 15일 대한민국 건국을 전 세계에 선포했다. 1948년 12월 12일 UN총회는 대한민국 정부를 한반도의 유일한 합법 정부로 승인했다.

05

건국 대통령 이승만의 진실 이야기

당숙 어른을
찾아온 친구

"당숙 어른을 뵙고자 하는 제 친구가 있습니다. 들바람도 쐬실 겸 함께 가 보시지요?"

바깥마당에서 금세 차를 점검하고 온 아빠가 할아버지께 말씀 드렸다.

"허허. 나를 보자 하는 젊은이가 있다고?"

"대학에서 역사학을 가르치고 있는데, 이 근처에 있는 폐교를 개조해서 '대한 역사 교실'을 만들어 가고 있는 중입니다."

할아버지의 표정이 한층 밝아지시는 듯했다.

"역사 교실? 그럼 기꺼이 가 봐야겠구먼."

"차가 7인승이니, 청대문집 어르신도 가시고 모두 함께 타고 갈 수 있어요."

푸른이와 하늘이랑 함께 승엽이는 맨 뒷자리에 나란히 앉아 갔다.

"승엽아, 넌 거기 가 본 적 있어?"

하늘이가 물었다.

"아니, 아직 가 보진 못했어. 교수님은 먼 지역에 계셔서, 주말 에만 오신다는 거 같아."

"우리는 지금 역사 공부를 하러 가는 거야?"

푸른이가 궁금해 하자, 앞자리에 앉으신 청대문집 할아버지가 큰소리로 말씀하셨다.

"너희들이 올 여름방학에 횡재를 하는구나? 역사 공부는 아주 중요한 게야. 알았느냐?"

"역사를 모르면 나라의 미래가 없어."

"네엣!"

두 분 할아버지의 말씀에 셋이 동시에 대답했다. 네엣, 하고 소리는 쉬웠다. 학교에서 버릇처럼 건성으로라도 늘 해 왔기 때 문이다.

차는 얼마 가지 않아 금방 도착했다.

학교 문 앞에 아빠와 함께 몇 번 본 적 있는 김 교수 아저씨가 마중 나와 있었다.

"어서들 오십시오. 직접 찾아뵙고 인사를 드려야 하는데, 오시게 해서 송구스럽습니다."

"아니, 괜찮소. 여기에 역사 교실을 만들었다고? 어서 가 보세."

할아버지가 앞장서 걷기라도 하실 듯 걸음을 재촉했다.

"마을 이장 일 하고 있는 건 어떤가?"

김 교수 아저씨가 아빠를 돌아보며 묻자, 아빠가 싱긋 웃으며 대답했다.

"극심한 찬·반 양론으로 항상 머리가 아프다네."

"너무 지나쳐서 걱정이야. 어디든 반대를 위한 반대가 많은 거 같아."

학교 운동장 담장에는 연노랑, 연보라 등 갖가지 색으로 핀 수국들로 울타리가 쳐져 있었다. 얼핏 밖에서 볼 땐 폐교 같지 않았다.

"학교 교실을 이렇게 역사관으로 만들었단 말이오, 혼자서?"

할아버지가 긴 복도와 교실에 전시된 자료들을 둘러보며 놀라

워하셨다.

"뜻을 같이하는 후원자들이 하나둘 생겨가고 있습니다. 함께 해 가고 있지요."

"저출산 시대라 학교가 점점 문을 닫고 있다는데, 이렇게 유용하게 쓰이니 다행이네요.

김 교수님, 고생이 많으시죠?"

엄마의 걱정에 김 교수 아저씨가 말없이 웃으며 복도 끝 교실 문을 열었다.

"너희들은 여기 있는 전시물을 죽 돌아가며 찬찬히 살펴보렴. 승엽아, 저 앞에 걸린 사진의 주인공이 누구지?"

승엽이는 그 정도는 안다는 듯이 금방 대답했다.

"이승만 대통령이요."

"에이, 우리도 그쯤은 알아요."

"건국 대통령 이승만 박사님이요."

푸른이와 하늘이도 질세라 한마디씩 했다.

"그래, 우남 이승만 대통령이시지? 이 교실은 이 대통령님의 1차 전시실이라 할 수 있지. 이번 너희들 방학엔 우리 역사를 제대로 아는 기회가 되었으면 좋겠구나."

김 교수 아저씨는 근엄한 교수님이 아니라, 웃는 눈을 보면 꼭 반달 같아 보였다.

"김 교수, 나는 어른들 모시고 고대사 전시실로 먼저 가겠네. 얘들아, 이번 기회에 '나라를 세운 이승만 대통령'에 대해 제대로 알 수 있기를 바란다."

아빠가 손을 흔들며 두 할아버지와 엄마를 향해 돌아섰다.

"근데요, 교수님. 이런 거 봤다고 친구들한테 자랑해도 돼요?"

하늘이가 궁금해 하자, 교실 문 앞 안내 책상 위에 있는 작은 메모장과 볼펜을 집어 나누어 주며 교수님 아저씨는 당부하듯이 말했다.

"그럼, 자신 있게 말해야 한다. 우리 선조들이 피땀 흘려 일구어 낸 훌륭한 나라 아니냐? 역사 공부는 곧 뿌리 찾기야."

"네에."

승엽이는 푸른이와 하늘이랑 나란히 걸으며 벽에 걸린 액자를 살펴보기 시작했다.

"전체를 돌아보면서 이승만 대통령께서 지나오신 길을 상상해 보는 것도 좋아. 어디, 너희들끼리 자유롭게 공부해 보렴."

김 교수 아저씨는 나가다 말고 다시 들어와 양팔을 펼친 채 전시실을 큰 걸음으로 오가며 설명을 해 주었다.

"여기부터 저 끝까지 총 24개의 액자가 전시돼 있는데, 이승만 대통령의 어린 시절부터 해방이 되어 미국 하와이에서 귀국하실 때까지의 기록물이라 할 수 있지. 우선 1차는 여기까지 했는데, 앞으로 계속 이어 갈 준비를 해나가고 있단다. 너희들은 처음엔 함께 전시물을 죽 둘러보고 나서 두 번째엔 각자 항목별로 나누어 보고 난 뒤, 저 의자에 앉아 정리해 보면 좋겠구나."

전시실 가운데에 책상과 의자 몇 개가 놓여 있었다.

"그렇게 해야 머리에 더 쏙쏙 남게 될 거야. 몽당연필이 아이큐 2천보다 낫다고 하지 않던? 항목별 분담하는 몫은 너희 셋이 의논해서 해 봐. 끝난 다음에 떡볶이랑 순대는 아저씨가 쏜다!"

"고맙습니다!"

김 교수 아저씨가 나가고 난 뒤, 승엽이는 먼저 나누는 거부터 했다.

"액자가 24개라 했으니까, 셋이서 8개씩 나눠서 보고 난 후, 숙제를 하면 어때?"

"꼭 8개씩 나눠서 하기보다 목차를 보고 정해서 하자."

셋은 교실 안 전시실 문 앞으로 가서 안내 목차를 읽어 보았다.

농지개혁

1950년 3월 이승만 대통령이 단행한 농지개혁은 5천 년 한반도 역사 상 최초의 농노해방이었으며 진정한 신분 차별 철폐였다. 또한 이것은 양반과 지주, 국회의원들의 연합세력 vs 대통령과 농민 연합세력 간의 내전에 가까운 투쟁을 거쳐 이룩한 경제적 민주혁명이었다.

1년 소작료(산출의 50%)의 3년 납부 조건만 충족하면 소작농이 자작 농이 될 수 있었고, 이로써 단 3년 만에 전 농지의 95.7%를 자작농이 소유하게 된 세계적인 토지개혁 성공사례였다.

6·25전쟁이 발발하기 직전 1950년 5월에 분배농지 예정 통지서를 전국의 농민에게 발급·배포함으로써 전쟁 중 농민들이 공산당의 인민 해방 선전에 속아 넘어가지 않게 되었다. 이는 자유민주체제를 수호하 는 원동력이 되었다.

농노해방

"내가 우리 사랑하는 동포들에게 이르고자 하는 말은 지금 세계가 다 공존주의의 함정에 들어가는 것 같으나 이것은 오래가지 않을 것입니다. 우리는 나라의 독립이 없으면 우리 개인의 자유가 없는 것이며 우리들은 자유가 없는 생명보다 죽음을 택할 것입니다."

1954.8.2. 한미재단 만찬회 중

"우리 민족이 난관에 처해 있는 것은 사실입니다. 그러나 우리 국민은 울면서 도움을 갈구하지 않습니다. 우리 국민은 눈물을 감추고 조용한 결의와 용감한 미소로 기아와 파괴를 이겨내는 싸움을 시작했습니다. 우리는 구걸하지 않으며, 앞으로도 구걸하지 않을 것입니다."

06

건국 대통령 이승만의 진실 이야기

나라를 세운
이승만 대통령
이야기

"가위바위보를 해서 이긴 사람이 자기가 하고 싶은 항목을 정
해서 정리하기, 어때?"

승엽이의 제안에 하늘이와 푸른이도 좋다고 고개를 끄덕였다.

가위바위보! 순번이 정해졌다.

"1번 하늘이, 2번 푸른이 언니, 3번 승엽이."

하늘이가 책상을 세 번 탕탕 쳤다.

"전체를 다 함께 둘러보고 나서, 각자 맡은 항목 정리해서 서
로 나눠보기다?"

승엽이에겐 이 대통령의 청년 때 사진과 그림, 사탕수수밭에서

일하고 있는 하와이 이주민들의 모습, 호놀룰루에 지은 한인 학교 전경, 조지워싱턴 대학교 학사학위 증서·하버드 대학교 석사학위 증서·프린스턴 대학교 박사학위 증서 등이 특별히 더 눈에 띄었다.

미국의 링컨 대통령 사진도 있어서 고개가 갸웃거려졌으나 나중 자세히 설명글을 읽어보기로 하고 그냥 지나쳤다.

푸른이와 하늘이가 부지런히 전시실을 오가는 모습이 보였다.

전시물을 보고 나선 책상 위에 놓인 메모장에 기록하기를 거듭하고 있었다. 승엽이도 그렇게 했다. 한참 시간이 흘렀다. 셋이 함께 모였다.

"이제 우리가 보고 기록 정리한 것을 발표해 볼까? 누가 먼저 할래?"

승엽이가 푸른이와 하늘이를 바라보며 묻자, 하늘이가 손을 들어 말했다.

"내가 1번이니까 선두 주자로 발표할게.' 이승만의 어린 시절과 교육이야.'"

이승만의 어린 시절과 교육

1875년 3월 26일, 황해도 평산군 마산면에서 태어났다.

조선왕조 태종의 장남인 양녕대군의 후손 16대손으로서 왕족이었으나 5대조부터 벼슬길이 끊겨 몰락한 집안의 6대 독자였다는데 위의 두 형은 이승만이 태어나기 전에 일찍 사망했다.

3살 무렵에 서울 남산 아래 우수현으로 이사를 했다.

어린 시절, 장난기가 심한 개구쟁이였다. 호기심이 많고 집착력이 강해서 하고자 하면 밥 먹는 것도 잊으며 해냈다.

6살 때, 천자문을 한 달 만에 암송하고 동몽선습을 독파할 만큼 총명했다.

어머니는 삯바느질하면서 시를 가르치기도 했는데, 아버지는 한번 말 타고 나가 집을 비우면 몇 달씩 안 들어왔다.

머리에 이가 많던 시절에 어머니는 참빗으로 댕기 머리를 곱게 빗겨 주시곤 했는데, 어머니가 주신 참빗을 평생 가슴에 간직하고 살았다.

1891년 16살에 아버지의 주선으로 동갑내기 동네 처녀 박씨와 혼인을 맺었다.

신긍우, 신흥우 형제의 권유로 배재학당에 들어가 영어를 공부하게 되었다. 배재학당은 1885년에 미국인 선교사 아펜젤러가 세운 학교로, 우리나라 최초의 서구식 근대 사립학교이다. 6개월 만에 영어 선생님이 되었다.

미국 사람에게 조선말을 가르치는 가정교사로 들어가 20달러(쌀 여섯 말 정도)를 받아 어머니께 드렸다.

서양 국가에서는, '모든 사람은 자유롭고 평등하다.'는 개개인의 자유가 보호된다는 사실을 깨달았다.

기독교인이 되어, 수없는 죽음의 위기를 겪을 때마다 보이지 않는 손이 항상 지켜주고 계심을 체험하곤 했다.

1899년 1월 9일, 급진개혁파 박영효와 함께 다 망해 가는 나라를 살리기 위해 '고종폐위운동'을 계획했으나 실패하여 '한성감옥'에 갇혔다. 모진 고문을 받아 평생 안면근육이 떨리는 병을 얻었다고 했다.

독립협회의 동지였던 한글학자 주시경이 몰래 넣어 준 육혈포로 탈옥을 하려다가 실패하여 사형수가 되었다.

미국 선교사들이, 세계적인 학자들이 쓴 책들을 감옥 안에 넣어주어 자유민주주의에 대한 지식을 맘껏 쌓아나갈 수 있었다.

감옥 소장에게 '옥중 학당'을 만들어 달라고 부탁하여, 그것이 받아들여져 '옥중 도서관'이 생겨 다른 죄수들도 책을 볼 수 있었다.

배재학당을 설립한 아펜젤러를 비롯해 언더우드, 벙커 등 여러 선교사가 방문하여 성경 공부를 도와주었다. 시국 사건으로 감옥에 들어와 있는 이상재, 이원긍 등에게 전도하여 기독교인이 되게 하였다.

한성감옥에 갇힌 이들 중엔 신흥우, 이동녕, 박용만, 이 준, 양의종 등 애국자들이 많았다. 동지들은 이곳을 '축복의 집(복당福黨)'으로 불렀다.

감옥에서 '러시아는 호시탐탐 남쪽 항구인 우리나라를 차지하려고 하니, 러시아를 경계해야 한다.'는 논설을 신문에 실었다.

1904년 8월, 미국 선교사들과 사방에서의 구명 활동으로 사형수에서 형량이 줄어들어 5년 7개월 만에 드디어 감옥에서 나왔다.

1904년 11월, 조선의 독립을 위해 고종의 밀사 자격으로 미국의 루스벨트 대통령을 만나러 가게 되었다. 개혁파 실력자였던 민영환과 한규설의 추천 요청으로 이루어진 일이다. 영어를 최고로 잘한 덕분이다.

이승만, 미국에 가서 교육가의 꿈을 꾸다

미국에 건너간 이승만이 모자를 쓰고 정장을 입은 모습이 멋지시네요.

1905년 7월, '미국은 러·일 전쟁 후 조선을 일본의 보호국으로 만드는 데 동의한다.'라는 「가쓰라-태프트」 밀약을 맺었어요. 일본 총리 가쓰라와 미국 육군 장관 태프트가 협의한 조약이었어요. 루스벨트 대통령을 만나기 며칠 전이어서 호소해 볼 길도 막혀 버린 거지요.

이때 이승만은 결심을 해요. 조선이 독립할 길은 외교밖에 없다는 걸 깨닫고 미국에 남아 공부를 하기 시작했어요.

조지워싱턴 대학교, 하버드 대학교와 프린스턴 대학교 등 세 개 대학교에서 공부하여 국제정치학 박사학위를 받았어요. 동양인으로서 최초의 일이었다고 해요.

조선에선 일본에 의해 강제로 을사늑약이 맺어졌던 1905년부터 한일합병이 일어난 1910년까지 기간에 이승만은 생활비를 벌어 가며 공부를 한 거지요. 이때 조선에서 어머니와 떨어져서 미국에 혼자 왔던 아들이 그만 디프테리아에 걸려 사망했다고 해요. 참

슬픈 일입니다.

이승만의 박사 논문은 '미국의 영향을 받은 중립'에 대한 내용이었는데, 윌슨 대통령이 의회에서 연설하는 가운데 인용했다고 할 만큼 세계적으로 인정받았다고 해요.

이승만은 어딜 가나 당당한 모습으로 수많은 나라의 사람들과 인맥을 넓혀 가며 조선의 독립을 외쳤어요.

1910년 10월, 이승만은 박사학위를 받은 뒤에 조국으로 귀국했어요.

목회자가 되어 기독교 전파에 일생을 바치고 싶었다고 합니다.

전국 방방곡곡을 돌며 '기독교 청년회(YMCA)' 조직 활동을 해 나가다가 일본의 심기를 건드리는 사건이 생겼어요.

1910년 12월에 일어난 '105인 사건'이에요. 기독교인들의 저항을 우려한 일본인들이 기독교 지도자들에게 죄를 뒤집어씌워 체포한 뒤 재판을 통해 실형을 선고했는데, 이때 선고받은 사람이 105명이었다고 해요.

이승만도 이 체포자 명단에 끼어 있었는데, YMCA 국제위원회가 개입하여 체포를 면하게 해 주었어요.

이승만은 나라 잃은 설움을 뼈저리게 느낀 후, 더 큰 세계의 여러 나라를 상대로 국제외교 활동을 펼쳐나가기 위해 더 큰 뜻을 품고 미국으로 가는 망명길에 올랐어요. 국제외교정책을 통한 독립운동을 택한 거지요.

그때, 중국 상하이 등지에서는 독립투사들이 온몸으로 무력 투쟁을 하고 있었어요. 세계는 모두 승자인 일본 편에 서 있을 뿐, 우리 한민족을 외면하고 무시했기에 분통의 눈물을 뿌리지 않을 수 없었던 거지요.

미국으로 떠날 때 이승만의 나이는 만 38살이었어요.

그 이후, 33년 동안 돌아오지 못한 채, 일본으로부터의 조국

해방을 위해 온갖 고초를 감수하며 독립운동을 펼쳐 나갔다고
합니다.

이승만, 하와이에서의 독립운동 활동과 귀국

교육

1913년, 우리나라 이주민들이 가장 많이 살고 있는 하와이로
가서 나라의 독립을 준비하고자 했다.

미국 감리교회에서 교장으로 임명했다. 명칭을 '한인중앙학교'
로 바꾸었다.

이승만 박사는 남녀평등을 주창하여 여학생들도 받아들였고,
곧이어 '한인여학원'을 따로 지어 운영해 나갔다.

학교의 이사진 대부분을 하와이의 중진 사업가, 이름 있는 명
사, 현지 신문사 사장 등으로 구성하였으며, 이들이 학교 운영에
적극적인 관심을 갖고 도움을 주었다.

미국 단체인 YMCA에 '한인 YMCA'를 조직하여 청년교육을 이
끌어 갔다.

선각자로서, 언론홍보의 중요성을 알아 대중 교육을 위한 수단으로 잡지를 발간하고, 잡지 내용을 모두 한글로 작성했다.

백성이 교육을 받아서 지식이 있는 사람이 되어야 민주주의의 기초가 된다고 생각하고 실천해 갔다.

'동지식산회사'를 만들어 백성 스스로 자립할 수 있어야 독립을 위한 정치활동도 할 수 있다고 믿고 실행했다.

이 모두 '나라 세우기'의 준비 기간이라고 생각했다. 학생들을 교육하고, 학교를 운영하고, 회사를 만들어 경제 향상을 위해 노력을 아끼지 않았다.

에이브러햄 링컨 대통령이 미국의 '노예 해방'을 했다면, 한국의 이승만 박사는 모두가 평등하게 사는 평등사상을 주창하며 '소작농 해방'을 시키고자 했다.

외교

미국 유학을 통해 세 명문대학에서 공부하고 박사학위를 받은 뒤, 미국 상류사회와 인맥을 넓혀 나갔다.

스승인 우드 윌슨 대통령을 비롯해 덜레스 미 국무장관, 미 극동군사령관 맥아더 장군, 노벨평화상을 수상한 존 모트 YMCA

국제위원장 등 수많은 저명한 인사들과 절친이 되어 국제외교를 통해 한국의 독립을 쟁취해 나가고자 했다.

하와이에서 함께 활동하던 박용만과 갈등이 생겼다. 박용만은 조선의 독립이 무력을 통해서만 가능하다는 '무력 투쟁론'을 주장했다.

이승만 박사는 독립은 피 흘리고 사람을 죽이는 무력투쟁을 통해서 하는 것만이 아니라, 스스로 배우고 익혀 세계인들과 어깨를 나란히 하며 외교를 펼쳐 나가는 데에 더 큰 뜻이 있는 '외교 독립론'을 피력했다.

일본의 만행을 알리고 조선의 독립을 호소하기 위해 '파리강화회의'에 참석하려고 했으나 미국은 비자를 내주지 않았다. 미국으로선 러시아의 세력이 더 커지는 것을 막기 위해 일본의 도움이 필요했기 때문이다.

1919년에 3·1운동이 일어났다. 한일병합조약이 무효임을 알리고 자유 민주공화국으로서의 독립을 선언한 운동이었다. 이승만은 미국판 3·1 운동이라 할 수 있는 '한인대표자 대회'를 열어 필라델피아 거리를 행진하며 서울에서 발표된 독립선언서를 낭독했다.

곳곳에 임시정부가 세워졌다. 1919년 9월, 상해 통합 임시정부로 통합되면서 임시 대통령으로 추대되었다. 최고 수준의 학력으로 조국의 독립을 위해 애써 온 것을 인정받은 덕분이었다.

1919년 11월 16일, 일본 정부가 30만 달러의 현상금을 걸었기에 몰래 중국인으로 변장하고 상해로 밀항했다.

상해 임시정부로부터 환대받지 못했다. 많은 독립자금과 획기적인 정책안을 준비해 왔으리라 기대한 데 대해 부응치 못했기 때문이다. 파리강화회의에 참석지 못한 것도 큰 원인이 되었다.

미국으로 다시 돌아갔다.

1933년, '제네바 국제연맹' 총회에 참석하여 한국의 독립을 호소하고자 했으나 일본의 압력으로 무산되었다.

각국 기자들에게 일본의 악행을 폭로하여, 제네바에서 격주로 발간되던 〈라 트리뷴 도리앙〉 지와 〈뉴욕 타임스〉 등에 기사가 실려 한국의 실상을 널리 알렸다.

1933년, 스위스 제네바에서 '프란체스카' 여사를 만났다.

1941년 6월, '일본이 곧 미국을 공격해 올 것이다.'라는 내용으로 책을 냈는데 제목은 『재팬 인사이드 아웃(Japan Inside Out)』이다. 우리말로 '일본 내막기(일본의 가면을 벗긴다)'라고 했다.

친미외교를 펼쳐 온 이유는, 일본, 중국, 러시아는 우리나라 영

토와 인접해 있으므로 항상 침범할 야욕을 갖고 있으나, 미국은 태평양을 사이에 두고 멀리 떨어져 있기도 했고, 땅도 넓고, 자원도 풍부해 가난한 나라를 침범할 욕심을 내지 않고 있었기 때문이었다. 세계 3대 군사 강국이었던 일본을 물리칠 만한 유일한 나라가 미국이라 판단했을 것이다.

세계정세

공산주의 사상 배척

1917년 11월, 러시아에서 레닌이 공산혁명을 일으켰다. 공산주의가 당시 지식인들이 신봉하여 세계 전역으로 퍼져 나갔다.

1923년 3월, 『태평양잡지』에 '공산당의 당은 부당하다(共産黨의 當(옳고) 不當(그름) 즉, 공산당은 옳지 않다)'는 논설을 발표했다. 공산주의를 비판한 세계 최초의 논설이었다.

공산당을 비판한 세 가지 내용 : 첫째, 모든 나라의 공산당은 소련의 조종을 받는 도구다. 둘째, 공산당의 목적은 수단 방법을 가리지 않고 정권 장악이므로 그들과의 협력은 절대 불가능하다. 셋째, 공산당과 합작은 소수 분자들에게 거부권을 주는 것과 같다.

연해주에서 독립운동하던 투사들 중에 공산주의를 추종하던 사람들이 많았다.

태평양전쟁이 시작되자 일본은 자신들의 식민지에서 살고 있는 한국 청년들을 일본군으로 동원하여 미국·영국 등 연합군과 싸우게 했다.

"한국은 강제로 일본에 병합되어 어쩔 수 없이 연합군과 싸우게 된 처지이니, 한국을 독립시켜 주면 연합군을 도울 수 있다."고 설득했다.

당시의 독립운동가들이 중국이나 미국 국적을 가질 때 이승만 박사는 끝까지 국적을 포기하지 않으면서 "한국이 곧 독립할 것이므로 필요 없다."라고 말했다.

카이로 선언

1943년 11월 27일, 이집트 카이로에서 미국의 루스벨트 대통령, 영국의 처칠 수상, 중국의 장개석 총통 등 제2차 세계대전의 연합국 수뇌들이 모여 전쟁 이후의 일들에 대해 논의했다.

'카이로 선언'에서, 강대국들에 의해 식민지 통치를 받던 100여개 나라 중에서 유독 '노예 상태에 있는 한국의 독립'을 보장했다.

한국의 독립을 요구하는 편지를 3차례나 보냈는데, 루스벨트 대통령과 처음 선언문을 초안한 대통령 보좌관이던 해리 홉킨스로부터 그 내용을 관심 깊게 보겠노라는 회신을 보내왔다고 했다.

이승만의 끈질긴 집념으로, 국제사회를 향해 펼친 외교정책의 결과이었다.

1945년 8월 15일, 해방되었다.

1945년 10월, 프란체스카 여사와 함께 귀국했다.

짝, 짝, 짝!!!

박수 소리가 났다.

교실 문 쪽으로 돌아다보니, 어느새 모두 와 계셨다.

"아주 훌륭하구나. 잘했다, 잘했어."

"천 리 길도 첫걸음부터다. 이제 시작이야! 출발이 중요해."

"그래, 전시를 둘러보며 무엇을 느꼈니?"

할아버지가 물으시자, 셋은 이미 준비하고 있었다는 듯이 한마디씩 대답하였다.

"한성감옥에서 모진 고문을 당한 거요. 불쌍했어요."

"미국 유학하러 가서 세 개 유명한 대학교에서 공부하고 박사 학위 받으셨다는 게 자랑스러워요."

"무력 투쟁으로 독립하려고 했던 사람들 속에서, 이승만 대통령은 스스로 배우고 익혀 세계를 향해 당당히 독립을 외친 점이 자랑스러워요."

"제대로 짚어냈구나. 자, 이제 약속대로 맛있는 걸 먹으러 가야지?"

"서해안 바닷가로 갑시다. 그곳은 붉은 노을이 아주 아름다워요."

승엽이는 잃었던 자유라도 되찾은 양, 아빠 차를 타고 가며 가슴이 뿌듯해져 옴을 느꼈다.

1945년 7월 28일 미국 국회의사당에서

"공산주의자들이 이 세상을 어렵고 무서운 세상으로 만들었습니다. 이 세계에서 나약하다는 것은 노예가 된다는 것을 의미합니다. 나의 친구들이여, 함께 기억합시다. 절반은 공산주의, 절반은 민주주의 세계에서 평화를 되찾을 수는 없습니다."

제주 4·3 사건

1948년 5·10 자유 총선거가 치러질 것이 결정되었다. 그러자 4월 3일 제주도에서는 남로당의 주도로 총선거에서 반대하는 무장 폭동이 일어나 경찰서와 공공 기관, 그리고 수많은 우익 인사들이 습격당했다.

그리고 그 폭동을 진압하는 과정에서 수만 명에 이르는 무고한 민간인도 희생되었다. 양쪽 희생자를 합치면 3만 명 정도 되는 한국 현대사의 큰 비극 중 하나라고 할 수 있다.

무고한 희생자들을 위로하고 기억해야 하는 것은 당연하다. 하지만 누가, 왜 국가 반란을 일으켰는지에 대한 '사건의 본질'보다는 '과잉 진압'이라는 현상에 초점을 맞춰 역사를 왜곡해서는 안 될 것이다.

1948년 9월, '반민족행위특별조사위원회(반민특위)'를 만들어 대대적인 친일파 청산을 시작했다. 그런데 국회의원 13명이 공산당에 협조한 일명 '국회 프락치 사건'이 발생하면서 1년 만에 반민특위가 해체된다.

1954년 7월 28일 미국 국회의사당에서 연설 중에서

"우리는 소련이 하는 약속을 믿을 수 없다는 것을 알고 있습니다. 공산주의자들은 그들에게 이익이 된다면 결코 조약을 존중하지 않는다는 것을 우리에게 알려 주었습니다.

그들은 어떠한 도덕적 망설임이나, 인도주의적 원칙이나 종교적 제재에 의해 구속받지 않습니다. 그들은 세계 정복을 달성하기 위해 모든 수단을 동원합니다.

심지어 가장 악질적인 고문과 대량 살인까지 동원합니다. 소련은 자신의 의지로 중지하지 않을 것입니다. 소련은 중지당해야 합니다."

독립정신 총론

슬프다. 나라가 없으면 집이 어디 있으며, 집이 없으면 내 한 몸과 부모처자와 형제자매와 훗날의 자손들이 다 어디서 살며 어디로 가겠는가. 그러므로 나라의 신민 된 자들은 지위의 높고 낮음이나 신분의 귀함 과천함을 막론하고 화복과 안위가 순전히 그 나라에 달려 있는 것이다.

이를 비유하자면 한없이 넓은 바다에서 배를 타고 있는 것과 같다.

바다에 바람이 잔잔하고 물결이 고요할 때는 돛 달고 노 젓는 일을 전적으로 선원들에게 맡겨 두고 모든 선객은 각자 제 뜻대로 물러가 잠도 자고 한가롭게 구경도 하면서 자기 직분 밖의 일에 대해 간섭할 필요가 없다. 그러나 만일 풍랑이 거세지고 비바람이 크게 일어 돛대가 부러지고 닻줄이 끊어져 배 안의 수많은 생명의 생사와 존망이 절박한 순간에 처하는 경우, 배 안에 앉아 있는 자라면 그 누가 정신을 차려 한마음으로 일어나 선원들을 돕기를 힘쓰지 않겠는가.

설령 전날에 서로 원망하고 미워하는 마음을 품었던 자들이라도 다 잊어버리고 일시에 힘을 합쳐서 무사히 건너가기만을 힘쓸 것이다. 이는 그 배가 침몰하면 나의 원수나 나의 몸이나 모두가 화를 면할 수 없기 때문이다. 혹은 수많은 보배와 재산을 가진 자라도 다 네 것 내 것을 가리지 않고 그것들을 허겁지겁 바다에 던져 배를 가볍게 만들어 가라앉지 않기만을 도모할 것이다. 이는 그 배가 물에 잠기면 나의 목숨이 홀로 살 수 없고, 내 목숨이 살지 못하면 보배와 재산도 아무 소용이 없기 때문이다.

그러므로 조금도 자기만을 위하는 생각을 하지 말고 선객들 모두가 합심하여 선원들을 도와 다 같이 살려고 노력해야 할 것이다.

이것은 선원을 위해서가 아니라 곧 자기 자신을 위해서이다. 설령 선원들이 각자 자기의 직책을 다하여 배를 저어 갈지라도 선객들은 각기 자기 자신의 안전을 위하는 마당에 차마 그저 가만히 있지 못하는 법이다.

4·19혁명 이후의 혼란은 건국 대통령 내외를 1960년 5월 하와이로 떠나게 했다.

이승만은 귀국을 간절히 원했지만, 당시의 정권이 만류했다.

결국 건국 대통령 이승만은 1965년7월 19일 만 90세를 일기로 하와이에서 숨을 거두었다.

이승만의 생애는 오직 자유를 향한 투쟁 그 자체였다. 조선의 봉건제, 일본의 제국주의, 세상을 휩쓴 공산주의에 맞서 대한민국의 자유를 지켜냈던 찬란한 생애였다.

07

건국 대통령 이승만의 진실 이야기

공산국가와
자유민주주의
국가의 갈림길

바깥마당엔 이른 아침부터 마을 사람들이 모여 부산스레 움직이는 모습들이 보였다. 장대의 사방에 귀를 걸어 푸른색 차양을 치고, 회관에 있는 의자들을 옮겨다 놓느라 바빴다.

　"당숙 어른께서 모처럼 고향을 찾아주셨으니 마을 분들께 귀감이 되는 좋은 말씀 들려 주십사 자리를 준비하고 있습니다."

　아빠가 마당에서 집 안으로 들어와 할아버지께 말씀을 드렸다.

　"죄짓고 나갔던 사람이…, 이제 와 무슨 할 말이 있겠나? 길게나 할 수 있을는지, 원."

　할아버지가 말씀을 더듬거리셨다.

"현 시국을 잘 알고 계시니, 과거의 역사를 되짚어 보시며 우리 모두 타산지석으로 삼자는 말씀으로 듣고자 합니다. 오 선생도 지금 오고 있다고 하네요."

엄마는 떡과 음료수를 준비하느라 몹시 바쁘시다. 잔칫날 같아 승엽이는 마냥 기분이 좋았다.

푸른이와 하늘이도 일찌감치 도착했다.

"저희 할아버진 기침이 심해서 오늘 못 오신대요."

"해소 기침이 심해지셨나 보다, 어쩌니?"

엄마가 걱정을 하는데 밖에서 톡, 톡, 구두 소리가 났다.

"박사님, 저 왔습니다."

"어어, 오 선생, 어여 오시게. 예서 보니 더 반갑구먼?"

할아버지가 웃음 가득 환한 표정을 지으며 오 선생님의 손을 맞잡아 주셨다.

"이 애들이 미래의 보석들이라오. 인사들 나누게나."

모두 오래전부터 알아 온 사이처럼 친숙하게 눈인사를 주고받았다.

"오 선생께서 노트북에 자료를 담아 온다고 해서 마을회관에 있는 빔을 옮겨다 설치해 놨으니, 가시지요."

"네, 박사님께서 세미나 발표하실 때의 동영상을 담아 왔어요. 우선 그거부터 틀어 드릴게요. 제 인사는 나중에 하고요."

바깥마당엔 그새 사람들이 많이 모여 있었다. 아침에 아빠가 마이크로 모임에 대해 공지를 한 덕분인 듯했다.

아빠가 마이크를 잡고 할아버지와 오 선생님을 소개한 후, 오늘 모임에 대해 간단히 설명하였다.

"이제 며칠 있으면 8·15 경축일이 다가오는데, 마침 우리나라 해방 이후의 역사를 연구해 오신 분들이 오셨기에 직접 말씀을 듣는 시간을 마련해 보았습니다. 제 당숙 어른이시기도 한 민영길 박사님께선 현재 수술을 마친 뒤 휴양차 고향에 오셨기에 긴 말씀은 나중에 마무리 인사로 해 주시고 먼저 동영상으로 말씀 듣도록 하겠습니다."

오 선생님이 익숙한 솜씨로 노트북과 빔을 연결하여 큰 가림막 벽면에 동영상 자료를 비추며 안내 설명을 시작했다.

"이 영상은 민영길 박사님의 수많은 자료 가운데, 해방 후 남북 분단의 혼란기를 다룬 내용이에요."

이윽고 할아버지의 모습이 나타났다.

"…, 이승만은 평생 '똑똑한 국민을 만들어야 한다'는 신념으로 살아왔습니다. 국민이 똑똑해야 민주주의를 지킬 수 있지, 안 그러면 공산주의의 제물이 될 것이라고 외쳤지요. 이승만은 우리나라가 공산국가가 될 것을 미국에서 독립운동할 때부터 걱정하고 결사코 반대를 해 왔어요. 반공 국가여야만 한다고요.

해방 직후 미국은 소련과 합작하여 '좌우합작' 정부를 세우려 했는데, 공산주의와는 절대 공존할 수 없다고 이승만이 반대했어요. 이때 나온 말이, "뭉치면 살고, 흩어지면 죽는다."였어요.

미국의 하지 중장은 '좌우합작'을 지원했고, 이승만은 반대하여 잦은 갈등을 빚곤 했지요. 소련은 좌익정부의 수립을 원했어요. 이에 북한은 연합국의 '통일정부 수립안'과는 상관없이 스탈린의 지령에 따라 1946년 2월 8일 '북조선 임시 인민 위원회'라는 기구를 조직해 먼저 단독정부를 세우려 한 겁니다.…"

"잠깐, 영상을 잠시 중단해 주시오. 여기서부턴 내가 직접 말하리다."

할아버지가 아빠에게 손짓해 마이크를 달라고 했다.

"남한은 말이오, 미국이 대한민국 건립에 큰 난관을 가져다주고 있었어요. 여전히 '좌우합작'에서 깨어나질 못하고 있더란 것입니다. 게다가 김구, 김규식, 여운형 등은 공산주의의 실체를 잘 알지 못한 채 이상에만 치우쳐 '우리 민족이 두 동강이 나선 안 된다.'라는 생각만 굳히고 있었던 거예요. 김구 선생은 북한에 가서 김일성과 면담을 하고 왔지요? 이승만은 답답하기 짝이 없었어요. 소련은 북한에 공산 정부를 세워 한시 급히 한반도를 공산화하려고 혈안이 되어 움직이고 있는데도 말이요. 이승만은 이미 알고 있었어요. 북한에 이미 공산 정권이 들어섰다는 걸 말이요.

혹자는 말해요. 한반도를 반으로 나눠서라도 자기가 대통령이 되고 싶은 욕심 때문에 그런 처신을 한 거라면서 남북 분단의 원인을 이승만에게 두고 있지요?

여러분, 그러나 우리는 그 당시의 현실을 냉철하게 분석해 볼 필요가 있어요. 얼핏 보기에, 지긋지긋한 양반·노비라는 계급사회를 없애고 평등하게 나눠 갖자는 취지가 그럴듯하게 보이지요? 거기엔 반드시 많은 허점이 있음을 간파해야 합니다.

이승만은 1946년 6월 3일, 남한만이라도 독립된 정부를 세워 공산화를 막기 위해 정읍에서 남한만의 단독정부 수립 의사를 밝혔어요. 동시에 유엔의 주관 아래 정부를 수립하는 방안을 제시하여, 유엔 총회는 한국에 남한정부를 수립하도록 결의하게 된 것이에요. 무법천지나 다름없던 해방공간에서 남한 공산주의자들과의 투쟁, 미군정과의 갈등 속에서 남한만이라도 임시정부를 수립해야 한다고 외친 이승만의 승리였던 말이지요. 그런데도 우리는 여전히 나라를 세운 '건국 대통령 이승만'을 제대로 평가하지 못한 채 있으니 참으로 안타까운 일입니다."

할아버지께서 앞에 놓인 물을 한 모금 드시며 잠시 말씀을 쉬셨다.

철저한 반공주의자 이승만!

이승만은 공산주의의 실체를 정확히 꿰뚫어 보고 있었으며 철저한 반공주의자였다. 그는 해방 직후 김구 등 중국에서 활동하던 독립투사들의 귀국에 상당히 우호적이었지만, 김원봉 주도의 공산주의자 그룹은 배제하고자 했다. 그는 소련을 철저히 견제했다. 이승만은 소련의 야망을 그대로 묵과하는 것은 소련을 침략 세력으로 키우는 꼴이 될 것이라면서 소련에 대해 즉각 전쟁을 선포하지 않는 미국을 어리석다고 비난했다.

"나는 공산주의와 민주주의 간의 투쟁에 있어서는 중립이라는 것이 존재하지 않는다고 봅니다. 우리가 가진 모든 것과 우리 전부를 자유와 정의를 위해 바쳐야 합니다."

『이승만 대통령의 미국 여행 이야기』 중에서도 "한미상호방위조약이 성립됨으로써 우리는 앞으로 여러 세대에 걸쳐 많은 혜택을 받게 될 것이다. 이 조약이 있기 때문에 우리는 앞으로 번영을 누릴 것이다."

　한국과 미국의 이번 공동 조치는 외부 침략으로부터 우리를 보호함으로써 우리의 안보를 확고히 해 줄 것이다.

08

건국 대통령 이승만의 진실 이야기

다시 머나먼
이국땅, 하와이로!

처음부터 맨 뒤에서 열심히 듣고 있던 성규 아빠가 앞으로 나와 질문을 했다.

"그동안 일제강점기 때부터 독립운동을 해 오셨고, 6·25 등 수많은 격동기를 거쳐 오시면서 '싸움닭 이승만,' '통일에 미친 늙은이'라는 소리까지 들어가며 이 나라를 반석 위에 올려놓고자 피땀 흘려 오신 이승만 대통령께서 3·15 부정선거를 묵인함으로써 가장 큰 오점을 남긴 걸 박사님께선 어떻게 평가하고 계시는지 궁금합니다."

할아버지가 한동안 아무 말씀도 하지 않으시다가 옆에 앉아 있는 오 선생님을 바라보시며 말문을 여셨다.

"어디 오 선생이 대신 말해 볼 텐가? 요즘 자료를 통해 그 부분을 정리하고 있지?"

"네, 박사님. 저도 그 부분을 정리하면서 너무나도 속이 상해 눈물을 많이 흘렸습니다. 고생만 하시고 인정도 못 받으시고 끝내 조국을 떠나시는 이 대통령님이 가엾어서요. 아저씨, 제가 유튜브로 보여 드릴게요?"

노(老) 대통령 영상이 흐르며 자막이 보이기 시작했다.

1960년, 자유당은 이승만을 대통령 후보로, 이기붕을 부통령 후보로 내세웠다. 야당인 민주당에서는 조병옥과 장면 박사가 출마했다.

부통령 후보인 이기붕은 부정부패의 원흉으로서, 처음과 달리 이승만 대통령의 눈과 귀를 가려 버렸다.

야당에서 대통령 후보로 나섰던 조병옥이 선거 한 달 전에 미국에서 위암 수술을 받다가 세상을 떠나자, 이승만 혼자 단독 후보로 출마하게 되었다. 여당의 부통령 후보이나 무능하고 기회주의자인 이기붕을 누르고, 인지도가 높은 야당의 장면 박사가 부통령으로 당선될 승산이 크다고 여긴 자유당에선 3월 15일 선거일

에 전국적으로 투표함을 바꿔 치기 하는 등 부정선거를 저지르고
말았다.

　역사에 길이 남을 부끄러운 흠결이었다.

　고무신을 선물로 주며 자유당의 이기붕 후보를 찍어 달라고 하
기도 했다.

국민들의 불만이 극에 달해 재선거를 요구하며 전국적으로 시위가 벌어졌으나 각료들은 이 대통령께 사실을 쉬쉬하며 거짓말로 숨기기가 바빴다.

온건파들이 사실을 고하려 해도 간신배들의 장막에 가로막혀 사태를 수습시킬 수가 없게 되었다.

4월 19일, 전국이 시위의 불길로 활활 타올랐다.

이 대통령은 모든 사건의 진위를 알고 시위대가 외치는 대로 하야를 선언했다.

하야 후, 세계 각국의 대표들이 위로의 편지를 보내왔을 때 이승만 대통령은 답장을 보냈다.

"나는 지금 가장 행복하다오.

'불의를 보고도 일어나지 않는 백성은 죽은 백성이지요.'"

이승만 대통령은 평생의 동반자인 프란체스카 여사와 함께 하와이행 비행기를 탔다.

여든여섯 살의 할아버지 대통령, 어쩌면 그는 홀로 숨이 다하는 그 순간까지도 말할는지 모른다.

"이것은 나의 진실이 아니야, 나의 진실이 아니야!

나는 오직 나라를 사랑했을 뿐이야!"

이승만 대통령은 끊임없이 외쳤다. "잃었던 나라의 독립을 다시 찾는 일이 얼마나 어렵고 힘들었는지 우리 국민은 알아야 하며 불행했던 과거사를 거울삼아 다시는 어떤 종류의 것이든 노예의 멍에를 메지 않도록 해야 한다."

"자유를 위해서 투쟁하라."

"나라를 잃으면 다시 찾기가 얼마나 어려운지를 우리 국민들은

잘 알아야 합니다.

반드시 자유를 지켜야 합니다."

자막은 끝이 났고, 영상은 점점 멀어져 갔다.

승엽이는 이승만 대통령의 떠나시는 뒷모습을 바라보며 손을 흔들었다.

푸른이와 하늘이도 울먹이며 둘이 손을 꼭 잡은 채 서로 다독여 주고 있었고, 할아버지도 멀어져 가는 영상을 향해 하염없이 손을 흔들고 있었다.

할아버지의 마지막 시간은 우리들의 마음을 떨리게 했다.

"여러분들이 이렇게 안전하고 멋진 나라에서 살고 있는 것은 정말 국민만 생각하신 이승만 대통령 덕분이지요."